mela

яблуко
iabluko

pera

груша
hrusha

arancia

апельсин
apelsyn

limone

лимон
lymon

uva

виноград
vynohrad

fragola

полуниця
polunytsia

cocomero

кавун
kavun

cocco

кокосовий горіх

kokosovyi horikh

banana

банан
banan

lampone

малина
malyna

kiwi

КІВІ
kivi

ciliegia

вишня
vyshnia

mirtillo

чорниця
chornytsia

prugna

слива
slyva

pesca

персик
persyk

fico

інжир
inzhyr

ananas

ананас
ananas

mango

манго
manho

cachi

хурма
khurma

cavolfiore

цвітна капуста

tsvitna kapusta

zucchina

Кабачок-цукіні

Kabachok-tsukini

melanzana

баклажан
baklazhan

carota

морква
morkva

patata

картопля
kartoplia

cavolo

капуста
kapusta

pomodoro

помідор
pomidor

spinacio

шпинат
shpynat

broccolo

броколі
brokoli

piselli

горошинки
horoshynky

zucca

гарбуз
harbuz

zucca pepona

гарбуз мускатний

harbuz muskatnyi

avocado

авокадо
avokado

carciofo

артишок
artyshok

fungo

гриб
hryb

ravanello

редиска
redyska

aglio

часник
chasnyk

cipolla

цибуля
tsybulia

barbabietola

буряк
buriak

porro

цибуля-порей

tsybulia-porei

peperone

болгарський перець

bolharskyi perets

peperoncino

перець чилі

perets chyli

asparago

спаржа
sparzha